AF469798

IDÉES PATRIOTIQUES,

SUR

LA NÉCESSITÉ DE RENDRE LA LIBERTÉ AU COMMERCE.

Libertas alit artes.

Bac.

A LYON,

Chez LOUIS CUTTY, Imprimeur-Libraire, Place Louis-le-Grand.

M. DCC. LXII.

Avec Approbation & Permission.

IDÉES PATRIOTIQUES, SUR LA NÉCESSITÉ DE RENDRE LA LIBERTÉ AU COMMERCE.

C'EST une vérité enfin reconnue parmi nous : la liberté du Commerce eſt une divinité, à laquelle chaque jour on élève des autels, où chacun s'empreſſe de brûler l'encens le plus pur du patriotiſme.

Plus foible, ſans doute, en certaines parties que le ſiècle précédent, le nôtre a auſſi des avantages qui rendent la balance au moins égale. Si nous n'avons pas de ces hommes, qui en certains genres nous ſervent de modèles, & que nous ne ſuivons que de loin, nous en avons auſſi dans des genres beaucoup plus utiles, dont les productions politico-économique enrichiſſent la Nation, & tendent au bien-être de tous les membres qui la compoſent indiſtinctement.

La poſtérité croira peut-être difficilement ce qui ſe paſſe de nos jours. Il lui faudra les témoignages authentiques, que nous avons à lui fournir, pour lui perſuader que les Auteurs de tant d'ouvrages médiocres, qui nous inondent, étoient contemporains des Du Hamel, des Du Tillet, des Forbonnois, & de tant d'autres dont la modeſtie, cette compagne fidelle du vraie mérite, nous cache les noms.

Il ſembleroit que la permiſſion donnée il y a quelques années, dans certains Etats du Nord, (*) à chaque Citoyen de communiquer ſes réflexions au Gouvernement ſur toutes les parties de l'adminiſtration, nous ait auſſi été accordée.

L'accueil flatteur que notre Miniſtère fait aux Ecrivains qui s'occupent de ces matières importantes, eſt ſans doute pour la Nation une invitation bien honorable, bien préciſe, & en même

(*) En Suede particulièrement.

temps un garant bien certain, de sa protection & de l'attention qu'il y donne.

Un Citoyen du nombre de ceux dont les vues sont dignes d'être accueillies du Gouvernement, mit au jour, il y a environ deux ans, *des Considérations sur le Commerce, & en particulier sur les Compagnies, Sociétés & Maîtrises*, qui lui attirèrent des applaudissements justement mérités. Des idées conçues avec force, rendues avec énergie, & le style propre de la chose, caractèrisent cet ouvrage profondement réflechi.

Le même objet va nous occuper, & bien loin de nous proposer de détruire le systême de cet excellent Citoyen, nous lui prêterons, s'il est possible, de nouvelles forces : nous détruirons des objections qu'on y a faites, & qui, quoique peu réfléchies, ne laissent pas d'éblouir la multitude.

Supprimer toutes les Maîtrises, les Apprentissages, Compagnonages, Chef-d'œuvres, & enfin tout ce qui précède la Maîtrise, tel est le vœu du sage Ecrivain, dont nous venons de parler, & tel est celui de la plus saine partie de la Nation.

Il n'y a personne qui ne sente tous les avantages de ces différentes ſuppreſſions. Il ne faudroit même que peu ou moins de détails pour expoſer les abus, les contradictions, les monopoles, qui ſont attachés à la conſtitution de tous ces établiſſements, & aux Réglements faits pour les appuyer. Ce ſeroit bien le cas de dire : *Quod notorium eſt , non indiget probatione.* Cependant il eſt des hommes pour qui les choſes les mieux prouvées, les plus palpables, ont toujours des côtés dangereux. Les innovations leur ſemblent des attentats, & ils annoncent du ton le plus décidé des inconvénients & des obſtacles invincibles, où, dans le fait, l'homme éclairé ne trouve même rien de ſpécieux.

En effet, la ſuppreſſion des Maîtriſes, que l'on a propoſée, c'eſt-à-dire, de cette faculté d'exercer ſon induſtrie, que l'on eſt forcé d'acheter à prix d'argent, toute avantageuſe qu'elle eſt, paroît être miſe au rang des choſes qui ne ſont bonnes, que dans la ſpéculation. Car telle eſt la multitude, elle juge ſans examen, & lorſqu'elle a une fois prononcé, la faire revenir ſur ſes pas, n'eſt point choſe facile.

On a dit avant nous, & on a eu raiſon de

dire, que les Loix, qui ordonnent l'Apprentiſſage, le Compagnonage, le chef-d'œuvre &c. & la Maîtriſe, ſont des vers rongeurs, qui ôtent à l'induſtrie les trois quarts de ſa force, & conſéquemment réduiſent preſque à rien, une choſe qui ne ſauroit avoir trop de vigueur. On peut mettre en fait, qu'il eſt nombre de Profeſſions où les lettres de Maîtriſes, & tous les menus frais qui les précèdent & les ſuivent, montent à des ſommes, que très-ſouvent les Artiſans n'ont pas à mettre dans leur Commerce. S'il s'agiſſoit de calculer cette dépenſe, on trouveroit que l'argent débourſé, proprement dit, ne fait pas le plus gros article, quoiqu'il ſoit conſidérable; mais le temps perdu, plus précieux que l'or, puiſque rien ne peut le remplacer, & que même on ne ſauroit l'évaluer.

On oppoſe deux raiſons principales, deux moyens qu'on croit bien ſolides, pour écarter la ſuppreſſion que l'on demande des corps de Métiers.

Raiſon de Police, raiſon de Finance. L'une n'eſt que ſpécieuſe, l'autre peut être ſoumiſe à quelque diſcuſſion. Nous allons les analyſer toutes deux, & écarter autant que faire ſe pourra, toutes difficultés. Voyons d'abord quelles ſont les raiſons de Police que l'on allègue.

Premièrement, on objecte que la ſuppreſſion des Corps de métiers, ôteroit de deſſous les yeux de la Police, des hommes ſur leſquels il eſt toujours bon qu'elle ait inſpection.

En ſupprimant les Corps de métiers, & en leur ſubſtituant des claſſes, où quiconque voudra exercer une profeſſion, ſera tenu de ſe faire inſcrire, chaque membre ſera toujours un objet diſtinct, contre lequel la Police pourra ſévir, dans le cas de malverſations notables, & c'eſt le ſeul cas qui doive être dorénavant relatif à la Police.

Secondement, que diſpenſer de l'Apprentiſſage, Compagnonage, Chef-d'œuvre, &c. c'eſt mettre les Arts & Métiers entre les mains de gens ſans expérience, d'ignorants, qui infecteront le Public de marchandiſes d'une mauvaiſe conſommation.

L'Auteur que l'on a cité ci-deſſus, a ſagement répondu à cette objection en deux mots, en diſant, que le mauvais ouvrier eſt toujours aſſez puni par le peu de debit qu'il a de ſes marchandiſes, ce qui le force à changer ſon travail

ou

ou à quitter une profeſſion qui ne peut que le ruiner.

On objectera encore, qu'il eſt des profeſſions qui intéreſſent & qui tiennent eſſentiellement à l'humanité, où l'ignorance d'un homme peut ne lui être pas préjudiciable, & au contraire être très-préjudiciable à ſes concitoyens. A cela, on peut dire, que ce que l'ignorance peut faire, la mauvaiſe foi le peut auſſi. Il eſt vrai de dire, que la cupidité, l'avarice, ſont journellement plus préjudiciables que l'impéritie, malgré tous les Réglements. C'eſt pourquoi un homme de mauvaiſe foi, quoiqu'il ait fait toutes les preuves que l'on exige, n'en trompera pas moins le public, & il eſt même quelquefois plus dangereux que l'ignorant.

Ne ſeroit-ce pas vouloir bruſquer l'expérience, ſi on peut parler ainſi, que d'avancer que l'Apprentiſſage qui conduit le Marchand de vin à la Maîtriſe, l'empêche de vendre du vin d'une mauvaiſe qualité ? Sont-ce les preuves que donne l'Apothicaire, qui aſſurent qu'il n'emploie pas des drogues altérées, drogues que la cupidité peut lui faire employer plutôt que de les jetter ? Les Gardes font des viſites dans ces corps, mais en ſuppoſant qu'ils faſſent des viſites rigoureuſes, ne peut-on pas ſouſtraire ce qui n'eſt pas ſuivant les Réglements ? Peuvent-ils même tout voir, & n'eſt-il pas quelquefois des raiſons qui empêchent de voir. ? Le Public ne traite exactement avec (*) ceux de ces profeſſions, que ſur leur bonne foi, & ne peut porter aucun jugement ſur la bonté & ſur la qualité intrinſeque ou extrinſeque de ces ſortes de marchandiſes.

Enfin, le Public eſt évidemment forcé d'acheter ces matières du premier beſoin, ſans aucune connoiſſance, & l'expérience ne prouve que trop combien la qualité de Mercier ou de Marchand en ces genres influe peu ſur l'excellence de ces différentes denrées.

Si les épreuves en uſage dans ces profeſſions délicates, pour parvenir à la faculté de travailler en ſon nom, ne mettent pas le Public à l'abri des ſurpriſes, que l'on juge de leur néceſſité & de leur utilité. Si les épreuves ſont inutiles dans ces profeſſions, elles le ſont, ſans doute, bien davantage, dans toutes les autres, où le Public peut juger lui-même de la bonne ou de la mau-

(*) Nous ne citons que ces deux corps, il ſeroit facile d'en citer une multitude d'autres.

vaiſe qualité des matières dont la conſommation ſe fait à tout inſtant.

Y a-t-il quelqu'un à qui il importe que le Cordonnier qui le chauſſe, ſoit Maître ou ne le ſoit pas? Qu'il travaille bien, cela ſuffit. Chacun peut être juge en cette partie.

Les Privilègiés du Grand Prévôt de France, ont-ils fait des Apprentiſſages, des Chef-d'œuvres? &c. Ceux qui ſont revêtus de ces privilèges, répandent-ils pour cela dans le Public, des matières d'une mauvaiſe conſommation? Le Public eſt-il moins bien ſervi, a-t-il jamais répugné à faire commerce avec ceux qui exercent leur induſtrie, ſous la ſauvegarde d'un Privilège? Les Corps de métiers, où il y a des charges, dont le titulaire penſe exercer la profeſſion, ſans paſſer par les épreuves, contre leſquelles nous réclamons, ne ſont-ils pas dans le même cas? On ne voit de tous côtés, que confuſion, contradiction & inconſéquence.

Perſonne ne s'eſt jamais occupé de la qualité & du droit, que peut avoir un Commerçant de fabriquer ou de vendre telle marchandiſe. Avant que de traiter avec un Marchand, on a bien plutôt ſoin de s'informer, s'il a dans ſes magazins des marchandiſes d'une bonne fabrique. Chaque Marchand d'ailleurs a ſa réputation faite, & cette réputation eſt bonne ou mauvaiſe, & tout-à-fait indépendante de la qualité de Maître ou de Marchand ; par conſéquent, on ſait toujours à qui l'on a affaire, ſans parler de la connoiſſance que chacun a de l'eſpèce de marchandiſe qu'il voit journellement ſous la main, & que l'on peut à tout moment, comparer avec d'autres plus ou moins bonnes.

C'eſt la comparaiſon qui éclaire, c'eſt la pierre de touche : c'eſt-elle qui donne la loi à tout le Commerce ; elle eſt plus puiſſante que tous les Réglements, elle ſeule attache le ſceau au bon Fabricant, aſſure ſa réputation & ſa fortune, enfin aſſigne le rang que chaque Marchand doit tenir dans ſa claſſe : elle montre preſque au doigt, la préférence que doit avoir le produit d'une fabrique ſur celui d'une autre, & met chaque choſe à ſon vrai taux. C'eſt auſſi la comparaiſon qui a fait naître & qui nourrit l'émulation, ce principe toujours vivant, toujours actif des Chef-d'œuvres que produiſent tous les peuples policés.

Penſer qu'un homme qui a paſſé par les claſſes

de l'Apprentiſſage, du Compagnonage, &c. ſoit décidément un bon ouvrier, un homme entendu, c'eſt raiſonner peu conſéquemment, c'eſt n'avoir que peu ou point de notions de tous ces détails.

Prenons un homme dès le moment, ou non pas lui, mais ſes parents, le deſtinent à une profeſſion mercantille : nous le ſuivrons pas à pas juſqu'à la Maîtriſe, & nous le conſidérerons même, revêtu de cette dernière qualité. La longueur des Apprentiſſages, dont il y en a qui vont juſqu'à huit, même dix ans, oblige à placer un jeune homme dès l'âge de douze ou quinze ans chez un Maître, afin qu'il puiſſe être en état, de vivre du fruit de ſon travail, à vingt-cinq ans, ou quelques-temps avant. On remarquera qu'à cet âge, un homme n'eſt pas en état de décider de ſon ſort ; cependant les parents en décident, parce qu'ils y ſont néceſſités, par la longueur de ces mêmes Apprentiſſages.

Voici donc un homme attaché à une profeſſion, lié par un acte public, ſous les conditions les plus dures, les plus bizarres, & en même temps les plus révoltantes, pendant le terme porté au brevet, dans lequel on fait certifier aux parents, que leur enfant eſt fidèle, que s'il s'abſente pendant le temps de ſon Apprentiſſage, ils le feront chercher & le ramèneront pour achever ſon temps. Il faut que cet acte, dont on ne rapporte que les clauſes les moins dures, car il y en a de toutes ſortes, ſoit regiſtré au Bureau du Corps, ce dont on délivre acte, dans lequel le nommé *** natif de *** *ſerviteur* de *** Marchand, eſt reconnu pour Apprentif dans ledit Corps. Au moins eſt-ce ainſi que cela ſe pratique dans le Corps des Merciers de Paris. On penſe bien que dans les autres Corps, les expreſſions ne ſont pas plus douces. Ne croiroit-on pas être à Tunis? Ne croiroit-on pas entendre faire le marché d'un eſclave?

Il eſt pourtant vrai de dire, que l'on met l'Apprentif un mois ou ſix ſemaines, chez le Maître, afin de voir ſi la profeſſion lui convient. Mais quand ce temps ne ſeroit pas trop court, pour pouvoir juger d'une choſe dont on n'avoit aucunes notions, ne voit-on pas d'ailleurs, d'après ce que l'on vient de dire, que ce n'eſt qu'une pure formalité, une ſorte d'appas, que l'on tend au jeune homme? En effet, on veut paroître le laiſſer le maître de ſon choix, mais dans le fait, il eſt la victime de la ſéduction, & de mille petits artifices dont ſe ſervent les Maîtres ; car pendant ce temps, l'Apprentif eſt traité avec beaucoup d'égards & de douceur, & on ſe donne bien de garde de lui laiſſer voir ce qui pourroit le rebuter. Le brevet une fois ſigné, il eſt traité comme un vrai *ſerviteur*, on l'occupe uniquement à faire tout ce qu'il y a de plus bas & de plus vil, ſoit dans ce qui regarde le métier, ſoit dans ce qui concerne les détails domeſtiques ; objets tout-à-fait étrangers à ſa deſtination, & qui l'occupent ſouvent plus que le métier. On ne détaille ici que des choſes que bien des gens peuvent avoir vues. Combien y a-t-il de Maîtres, qui, aux paroles les plus dures, joignent encore les mauvais traitements ?

On eſt bien éloigné de trouver dans les Arts méchaniques quelques traces de cette liberté précieuſe dont jouiſſent, avec tant d'avantages, les Elèves qui ſe deſtinent aux Beaux-Arts.

Que l'on compare un jeune homme avec un carton ſous le bras, plein de deſſeins qu'il a tracés ſous les yeux de l'émulation, à un malheureux Apprentif, occupé à faire le métier de Portefaix du matin au ſoir, ou à conduire le ſoufflet d'une forge, &c. On verra le premier rempli de feu

& de vivacité, parce que ſon eſprit eſt occupé de l'objet eſſentiel de ſon Art, & l'autre plein d'ennui & de dégoût, parce que dans ſes occupations, l'eſprit n'eſt pour rien, & qu'il ne peut pas s'occuper de ce qui piqueroit le plus ſon émulation. Il n'eſt que trop conſtant que le temps de l'Apprentiſſage ſe paſſe de la ſorte. L'Apprentif ſort de chez ſon Maître avec beaucoup plus de théorie, que de pratique, encore quelle théorie! Le Maître ne ſe preſſe point d'appprendre le métier à l'Apprentif, parce qu'il dit, *Ce n'eſt pas moi qui jouïrai de ſon travail, quand il ſaura quelque choſe, ſon temps finira, un autre recueillera le fruit de mes peines;* c'eſt pourquoi il ne l'occupe rien moins que des choſes eſſentielles de ſa profeſſion. Enfin, il s'en ſert comme d'un vrai *ſerviteur*, & non comme d'un aſſocié à tous ſes travaux. Auſſi n'a-t-on jamais vu un Apprentif, qui n'ait déſiré le moment de ſa délivrance. Il compte les jours & les inſtants; preuve non équivoque de l'état peu naturel où ſe trouve cet homme.

L'Elève dans les Beaux-Arts, fait marcher la théorie & la pratique enſemble. Il eſt Apprentif aujourd'hui, demain ſi ſon génie peut le conduire ſur les traces de ſon Maître, toutes les portes lui

ſont

ſont ouvertes, rien ne s'y oppoſe, rien ne l'arrête : Quel contraſte !

Parce qu'il n'y a pas d'Apprentiſſage déterminé dans les Beaux-Arts, peut-on dire que les habiles Maitres y ſoient plus rares ? Non ſans doute. Non ſeulement les habiles gens n'y ſont pas plus rares, mais proportion gardée, ils y ſont volontiers plus communs. Ce ſont, ſans contredit, des ſuites naturelles & néceſſaires de la liberté, que chacun a de ſuivre ſon génie, de ne connoître d'autres Réglements, ni d'autres bornes, que celles de ſon propre eſprit. On trouveroit certainement abſurde l'idée de vouloir aſtreindre un Peintre à broyer des couleurs pendant un temps, à ne s'occuper que du deſſein, de la perſpective, &c. pendant d'autres temps fixes. Il peut tout apprendre à la fois, & lorſqu'il poſſede toutes les parties de ſon Art, aucun terme ne l'arrête, il peut mettre au jour le fruit de ſon travail, auſſi-tôt que ſon intérêt l'exige.

Pourquoi ne pas laiſſer procéder ainſi dans les Arts méchaniques ? Sont-ils plus difficiles à apprendre que les Beaux-Arts ? on ne ſauroit en convenir ; on conviendra plutôt qu'ils ſont plus utiles ; donnons-leur donc des facilités de s'étendre :

tout nous y invite, & l'Etat ne peut qu'y gagner beaucoup.

L'homme qui ſort d'Apprentiſſage, on parleroit plus juſte, ſi on diſoit de la ſervitude, après y avoir paſſé le plus beau temps de ſa vie, ſe trouve encore aux éléments. Seroit-ce pour cela que l'on auroit continué l'Apprentiſſage, pendant pluſieurs années encore, ſous le nom de Compagnonage? N'eſt-ce pas entaſſer abus ſur abus? Si un homme a été pendant ſix, huit ou dix ans, ſous la puiſſance d'un Maître, comme Apprentif, ne doit-il pas tout ſavoir, & s'il ſait tout, n'eſt-ce pas le voler, que de le forcer à deux ou trois ans, quelquefois même plus, de Compagnonage? Mais nous avons montré qu'effectivement il ne ſavoit rien: on l'a donc encore volé, en lui prenant ſon argent, ſon temps, & en ne lui en donnant pas l'équivalent. Une preuve qu'un Apprentif n'eſt pas regardé comme ouvrier, lorſqu'il ſe préſente en qualité de Compagnon, c'eſt qu'il ne gagne d'abord que la plus baſſe paye, & ce n'eſt que par degré qu'il a la paye entière. Que réſumer de tout cela? que l'Apprentiſſage & le Compagnonage, ſont de vrais brigandages, des vols manifeſtes faits ſous l'autorité des Loix à l'induſtrie, cette mine inépuiſable de richeſſes, que l'on peut exploiter ſans frais. Nous nourriſſons avec complaiſance, un monſtre qui ronge l'ame de notre Commerce, & qui peut-être un jour le dévorera.

Ce n'eſt donc qu'après avoir parcouru tout ce long eſpace de temps, qui compoſe l'Apprentiſſage & le Compagnonage; ce n'eſt donc qu'après avoir arraché toutes les ronces, rompu toutes les chaînes, que des Loix dictées par la jalouſe & l'intérêt particulier, oppoſent à l'induſtrie, qu'un homme eſt admis à grand frais à la Maîtriſe d'une profeſſion, qui doit être pour toute ſa vie, l'unique porte qui lui ſoit ouverte, pour aller à la fortune.

Une fois admis à la Maîtriſe, combien l'Artiſan n'a-t-il pas, ſouvent, de chagrins à dévorer? combien cette même Maîtriſe, après laquelle il a couru ſi long-temps, ne lui fournit-elle pas de ſujets de déſeſpoir? Combien y a-t-il d'hommes placés dans un état, pour lequel ils ne ſe ſentent que peu ou point de goût? *Où le cheval eſt attaché, il faut qu'il broute*, ſi on veut nous permettre ici l'uſage de ce proverbe populaire, qu'on peut bien appliquer au malheureux, qui ne peut point, en ſuivant ſon penchant, paſſer dans une autre profeſſion, où peut-être il excelleroit. Victime de la longueur de l'Apprentiſſage, où il a été mis dans un âge où ſon goût, ſes inclinations peu ou point développés, ou étouffés par l'autorité paternelle, ne lui ont pas permis de faire un choix, que l'homme mûr a quelquefois bien de la peine à faire, il ſe trouve réduit à languir toute ſa vie, dans un état, qui lui eſt à charge.

Il y a plus : s'il arrive, ce qui n'eſt que trop ordinaire, qu'un jeune homme au bout d'un an, même de ſix mois, témoigne du dégoût pour le métier où l'on l'a mis, on eſt ſourd à ſa voix; l'argent eſt donné; un eſpace de temps eſt déjà écoulé; il faut qu'il acheve ſon temps. On tient compte des moments dans cet âge précieux, & on a raiſon. Mais qu'arrive-t-il ? le temps ſe fait, l'ouvrier ſe trouve toujours plein de dégoût pour ſa profeſſion, il ſent même qu'il ne ſera jamais qu'un ouvrier médiocre, cependant il n'en peut point changer. Ira-t-il laiſſer derrière lui nombre d'années, dépenſer de nouveau des ſommes qui l'ont précédemment épuiſé ? Ira-t-il, au moyen de la longueur de nos Apprentiſſages, Apprentif barbon, blanchir dans un eſclavage honteux, révoltant même pour la jeunesse qui pense peu? On voit, qu'exactement parlant, toutes ressources sont fermées, lorsqu'une fois on a mis le pied dans la carrière. Que l'on juge d'après cet exposé, dont tout le monde connoît l'exactitude, de l'utilité des Apprentissages & des Maîtrises. Est-il quelqu'un qui puisse ne pas convenir que c'est un fardeau, sous le poids duquel nombre de milliers d'hommes gémissent, & dont l'industrie est totalement perdue pour l'Etat? Serons-nous toujours insensibles à la perte des trésors qui sont en nos mains?

Si nous nous sommes si fort étendus sur cette multitude de maux qui énervent, étouffent même notre Commerce, c'est que nous en sommes vivement touchés, & quelqu'un peut-il ne l'être pas?

Il est bien constant, que tout ce qui précède la Maîtrise, & la Maîtrise elle-même sont des établissements abusifs, destructeurs, & tellement dangereux, que par succession de temps, la majeure partie de notre Commerce nous échappera. *La main d'œuvre nous coûte trop.*

La suppression que l'on propose, peut seule arrêter le mal, & jetter dans notre Commerce les sommes immenses qui constituent toutes les dépenſes à faire pour pavenir à la Maîtriſe. Quelle diminution n'en réſulteroit-il pas dans la main-d'œuvre des matières qui forment le Commerce de la Nation ? Ce ſeul produit ne ſauroit s'apprécier. On verroit plus que tout cela, on verroit l'induſtrie abandonnée à elle-même, découvrir des tréſors inépuiſables, dans leſquels on puiſeroit un jour des richeſſes, qui ne ſeroient ni précaires ni factices, mais indépendantes, réelles, & qui ne ſeroient pas plus bornées que l'induſtrie elle-même. Cet enfant de la liberté, dont les efforts ne ſouffriroient aucuns retards, répandroit le fruit de ſon travail, ſans connoître d'autres limites, que celles de l'Univers.

Mais tous les obſtacles pour parvenir à cette réforme, ne ſont pas levés : nous en avons écarté quelques-uns : il nous reſte encore à fournir des moyens, qui applaniſſent ceux qui s'oppoſent à l'exécution de ce plan, afin de pouvoir parvenir aux ſuppreſſions, après leſquelles toute la Nation commerçante ſoupire.

Nous avons indiqué les deux raiſons qui paroiſſent arrêter cette entrepriſe, raiſon de Police & raiſon de Finance. Nous avons dit aſſez ſuccinctement ce que l'on pouvoit dire ſur la premiere, il nous reste à en faire autant sur la seconde.

Il n'est que trop prouvé que les dettes dont les Communautés sont chargées, tombent en entier sur l'industrie, & ce sont ces mêmes dettes dont le remboursement forme aujourd'hui les obstacles que rencontre la suppression des Corps.

Ces dettes accumulées les unes sur les autres forment un objet si considérable, que les moyens de les rembourser ne se présentent pas aisément; cependant rien de plus important que d'y procéder. C'est la seule voie de donner à l'industrie toute la liberté dont elle a besoin, & de parvenir à couper la racine de tous les maux connus sous les noms d'Apprentissage, Compagnonage, Chef-d'œuvre, &c.

L'excellent Citoyen dont on a parlé ci-dessus, a fourni des moyens, qui, quoique bons & sages, ne sauroient trop avoir lieu dans la position actuelle. Les uns tomberoient sur des choses (*a*) déjà trop chargées, & les autres sur les biens d'hommes à la vérité les moins chargés (*b*)

(*a*) Permettre des Octrois sur les boissons, dans les Villes où il n'y en a pas, &c. *& dans celle où ils existent*, créer une Lotterie, &c.

(*b*) Suspendre la nommination de quelques Abbayes, ou se réserver sur les revenus des Bénéfices à la nommination du Prince, une somme proportionnée à la valeur de ces bénéfices.

de l'Etat, mais qui ont le privilège de crier à l'attentat, d'intéresser tout ce que nous avons de plus sacré, lorsqu'on les invite à faire ce qu'ils sont obligé de faire par état, c'est-à-dire, de secourir les malheureux, des biens qui ne leur ont été dispensés si largement, que pour en faire cet usage.

Nous ne pouvons mieux faire, nous ne pouvons trouver de moyen plus prompt, plus convenable, que de tirer les secours dont nous avons besoin, de la chose même, quoique, nous l'observons, elle soit elle-même surchargée. Avec des attentions cependant, il n'est peut-être pas impossibile de trouver des expèdients, au moyen desquels, on pourroit, sans presque charger personne, accorder sur le champ, à chacun la liberté d'exercer telle profession qu'il voudroit, en payant un droit très-modique, qui joint à quelques autres, pourroient être employés à amortir les dettes.

Quoique l'origine de certains établissements, de certaines loix, remonte aux temps les plus reculés, on ne doit cependant les respecter, qu'en proportion des avantages & de l'utilité qu'en retirent ceux qui leur sont actuellement assujettis.

S'ils

S'ils ſont reconnus pour être totalement inutiles, rien n'en doit retarder la deſtruction. On doit ſeulement procéder à cette opération, en obſervant une ſorte de gradation. Telle eſt la manière de penſer actuelle; tel eſt le point de vue d'où la vraie politique & le patriotiſme éclairé conſidèrent les choſes.

Nous croyons que pour remplir les vues que nous venons d'expoſer, on pourroit procéder de la ſorte.

1°. Laiſſer ſubſiſter tous les Corps de métiers dans l'état où ils ſont actuellement, & pour un temps.

La ſeule contravention que les Corps pourroient imputer à quelqu'un, ſeroit de n'avoir pas fait la déclaration dont nous allons parler.

Abolir dès ce moment tous Réglements, Statuts, &c. relatifs à la Police deſdits Corps en général.

Excepter cependant les Réglements relatifs à la perception des droits accordés aux Communautés, pour *l'acquittement* des dettes, juſqu'à l'entier rembourſement deſdites dettes, après lequel leſdits Réglements tomberoient de droit.

2°. Permettre indiſtinctement à l'Etranger,

comme au Régnicole, ſans aucune reſtriction; de ſe faire incorporer dans telle Communauté qu'il lui plairoit, à la charge ſeulement de ſe préſenter au Bureau de ladite Communauté, & d'y déclarer qu'il entend exercer la profeſſion, lui délivrer ſur le champ, acte de ſa déclaration, ſans aucune queſtion, ſans aucune remiſe, ſous quelque prétexte que ce ſoit, aux frais ſeulement de cinquante livres ou de plus grande ſomme, pourvu cependant qu'elle ne paſſe pas celle de cent livres; délivrer en même temps, ſur le même acte, une reconnoiſſance qui ſerviroit par-tout le Royaume, relativement à la Profeſſion mentionnée dans l'acte; obſerver les mêmes formalités, lorſqu'on voudroit paſſer dans toutes les autres profeſſions, que l'on pourroit exercer en tel nombre que l'on voudroit à la fois.

Lorſqu'on voudroit ne plus exercer une profeſſion, tenu d'en faire ſa déclaration, dont il ſeroit fait notte ſur le regiſtre du Corps, où on ſe ſeroit fait inſcrire, parce que du jour de cette déclaration, on ceſſeroit de payer tous les droits dûs par chaque membre. Cela n'auroit même lieu exactement que pour un temps, après lequel cela pourroit n'être qu'une ſimple formalité, que le bon ordre ne permettroit pourtant pas de négliger.

3°. Les anciens titulaires, c'eſt-à-dire, ceux qui ſeroient revêtus de lettres de Maîtriſe, que nous appellerons Maîtres, reſteroient dans l'état où ils ſont, ſans que les nouveaux titulaires, que nous appellerons dorénavant ſurnuméraires, prennent aucune part aux affaires de la Communauté. Les Maîtres continueroient de payer entre eux les charges qu'ils ſupportent maintenant, & veilleroient à toutes les affaires dites de Communauté, & cela pour un temps.

4°. Les ſurnuméraires paieroient dans chaque Corps où ils ſeroient inſcrits, les mêmes taxes que les Maîtres paient, & on évalueroit ces taxes, en prenant le prix moyen de ce que paient actuellement les Maîtres de chaque Corps.

5°. Les cinquante livres ou plus, provenant de l'inſcription des ſurnuméraires, & toutes les autres taxes qu'ils paieroient, ſeroient verſées dans une caiſſe d'amortiſſement des dettes de toutes les Communautés, & la diſtribution des ſommes deſtinées au rembourſement, ſe feroit en ſuivant la liquidation des emprunts faits par chaque Corps.

6°. Chaque Communauté, en recevant annuellement des fonds proportionnés à la quotité de ſes dettes, pourroit tous les ans, ou tous les deux ans, procéder à un rembourſement.

7°. A meſure que les dettes des Communautés s'acquitteroient, on pourroit diminuer les charges, & préférablement celles qui tombent directement ſur l'induſtrie, telles que ſont les taxes miſes au profit des Communautés, pour les aider à payer la rente des emprunts qu'ils ont faits, ce dont tout le monde ſe ſentiroit à la fois.

8°. L'extinction de toutes les dettes ſeroit l'époque de celle de tout droit d'inſcription, & généralement de toutes les autres taxes annuelles. Le Marchand & le Fabricant paieroient ſeulement les charges, que paient les Citoyens, qui ne ſont pas aſſujettis aux *corporations*.

9°. Abolir juſqu'aux noms de Maîtriſe, communauté, Jurande, Garde, Apprentiſſage, Compagnonage, Chef-d'œuvre, &c.

Etablir des Claſſes, ou ſemblable quantité qu'il y a aujourd'hui de Corps de métiers, ou en moindre nombre, ſi on veut, pas autrement dénommées, que par première & dernière claſſe, cela ſeulement, afin d'avoir une ſorte de dénombrement des Citoyens, qui s'occupent de telle ou telle profeſſion. Conſéquemment, on ſeroit toujours obligé de ſe faire inſcrire, comme auſſi de prendre acte de la ſortie d'une Claſſe, lorſqu'on quitteroit la profeſſion qui en dépendroit; le tout ſans frais quelconques.

A cet effet, il ſeroit tenu des regiſtres par quatre des plus anciens, & en même temps les plus capables; car c'eſt la capacité, & non l'âge, que l'on doit conſidèrer, lorſqu'il s'agit d'accorder des diſtinctions, ſous le nom de Chefs des Claſſes. Il en ſeroit fait double, pour être remis annuellement au Bureau du Commerce, qui verroit, par ce moyen, le Commerce qui occuperoit le plus de bras, & les variations qu'il y auroit dans toutes les branches du Commerce de la Nation.

10°. On accorderoit aux Chefs des Claſſes quelques honneurs, quelques prérogatives, même des gratifications. Ces places n'étant accordées qu'au mérite, on doit y attacher des récompenſes, des encouragements.

11°. Quoique nous ayons demandé la ſuppreſſion de tous les Réglements de Police, nous penſons néanmoins, comme le Citoyen que nous avons cité, par rapport à la marque particulière de chaque Fabricant. Nous insisterons même sur une extension générale d'un Réglement rigoureux, qui forceroit tout Fabricant quelconque, de telle sorte & de telle espèce de marchandise que ce soit, de mettre sur ses marchandises, en un endroit apparent, ses nom & surnom, ainsi que celui de la Ville où est sa fabrique. Comme l'exécution de ce Réglement n'a d'autre but que d'exciter l'émulation, en faisant connoître le bon, comme le bas ouvrier, on ne doit tolérer aucune contravention à cet égard, telle que seroit celle d'apposer le nom & la marque d'un Fabricant, pour celui d'un autre. On ne sauroit trop punir de semblables vols. C'est effectivement un double vol, car d'un côté, on dérange la fortune & on enleve la réputation d'un Fabricant, en se servant de son nom, & d'une autre part, on induit le Public en erreur, en lui faisant acheter sous un nom supposé, des marchandises qui n'ont que l'extrinseque de leur valeur.

12°. Quant aux Inspecteurs, nous ne pensons pas qu'il faille les supprimer absolument. Nous allons analyser cet article, & développer cette assertion.

Tous les Inspecteurs, dans l'état où ils sont

aujourd'hui, ne ſauroient être trop promptement ſupprimés. Leurs fonctions ſont & inutiles & préjudiciables: c'eſt une choſe connue de tout le monde commerçant, & qu'il n'eſt pas beſoin de prouver. Nous ne penſons pas pour cela qu'il faille ſupprimer toute inſpection, mais lui donner une toute autre forme, & des fonctions toutes différentes.

Des choſes ſont vicieuſes en des points très-importants, que l'on ne doit pas pour cela retrancher en entier. S'il s'y trouve des côtés favorables, il faut les conſerver, & en même temps retrancher, ſans ménagement, tout ce qui eſt inutile, dangereux, & enfin tout ce qui étouffe le germe d'un bien quelconque.

En ſupprimant les Réglements relatifs à tout ce qui eſt Police, on penſe que ceux dont l'exécution eſt confiée aux Inſpecteurs, ſont de cette claſſe, & que conſéquemment plus de loix, plus de ſurveillants à leur exécution.

Nous penſons donc, que l'on ne ſauroit trop promptement diminuer & ſupprimer, tout ce qui eſt relatif aux Inſpecteurs, c'eſt-à-dire, à leur nombre & à leurs fonctions actuelles. Rien de mieux que de ſubſtituer à cette multitude d'Inſpecteurs domiciliés dans les Villes, attachés à des fabriques, un très-petit nombre d'Inspecteurs généraux, continuellement ou périodiquement en tournées dans nos Provinces, singulièrement sur nos frontières, & quelquefois même chez l'étranger. Il ne s'agiroit plus de molester les Fabricants, sous prétexte de contravention aux Réglements; puisqu'ils n'existeroient plus; mais seulement de les consulter, pour connoître l'état de leur commerce. Il faudroit visiter les frontières pour estimer le degré d'importation & celui d'exportation, passer chez l'étranger dans des cas particuliers, pour étudier la cause & le progrès de ses succès dans certaines branches du commerce, & surtout, comparer la valeur de ses denrées avec la valeur des nôtres. L'inspection réduite à ces articles importants, produiroit plus de biens, qu'elle ne produit de maux, quoique le nombre en soit considérable.

Examinons en détail l'utilité d'une inspection établie sur de semblables fondements, renfermée dans des bornes qui ne permettent aucun écart, & qui ne fournissent aucun moyen à la mauvaise foi & à l'esprit de chicane, d'étouffer l'industrie en foulant le Fabricant.

En

En effet borner l'inſpection aux ſeuls objets que nous venons d'expoſer, & qui ſont les ſeuls qui auroient toujours dû conſtituer les fonctions des Inſpecteurs, c'eſt procurer à notre Commerce tous les avantages poſſibles.

Un très-petit nombre d'hommes, revêtus de la qualité d'Inſpecteurs généraux, ou ſous telle autre dénomination qu'on voudra, pourroient faire le travail que nous propoſons; mais outre qu'il faudroit faire choix de travailleurs, il faudroit auſſi qu'à l'amour pour le travail ils joigniſſent une intelligence peu commune, & qu'ils euſſent de plus une connoiſſance des privilèges généraux & particuliers du Commerce. Il leur faudroit encore d'excellentes diſpoſitions à ſaiſir mille détails, non ſeulement d'une ſeule fabrique, mais de toutes, étude précieuſe dont ils devroient eſſentiellement s'occuper.

Un travail auſſi vaſte, auſſi étendu, demande un homme tout entier; c'eſt-dire, qu'aucun détail particulier de Commerce, aucun autre occupation ne doivent l'occuper; tout cela ne peut que le diſtraire; & encore une fois, il faut un homme tout entier. Cette étude eſt immenſe, & on n'en doit jamais perdre la chaîne, ſi on veut y faire des progrès.

Il n'eſt pas beſoin de dire que des hommes, qui ſe donneroient de la ſorte au bien public, méritent de la reconnoiſſance, des diſtinctions, & qu'on leur faſſe un ſort honnéte, digne du ſacrifice qu'ils feroient d'abandonner tout autre moyen d'aller à la fortune.

Nous conviendrons que les qualités que nous demandons dans les hommes que nous déſirerions que l'on chargeât de ce travail, rendent ces hommes rares : il en eſt ſans doute. Ce n'eſt pas, à la vérité, dans l'antichambre des Grands qu'on les trouveroit, parmi cette foule de protégés, à qui l'impudence & la hardieſſe tiennent lieu de mérite & de talents; mais dans la ſolitude de leur cabinet. Là, couverts du manteau de la modeſtie, on les trouveroit travaillant à mettre au jour, à rectifier, ou à défendre les idées que leur amour pour la Patrie leur a fait naître.

Les Inſpecteurs ſont aujourd'hui, ſi on peut parler ainſi, les Inquiſiteurs du Fabricant, & ceux que nous déſirerions, doivent en être les confidents & les amis.

En diſtribuant à chaque Inſpecteur un département dans une partie du Royaume, dont il ſeroit tenu de viſiter les différentes diviſions, il dreſſeroit un état de la poſition du Commerce en tous genres des Villes & des Provinces qui le concerneroient. L'état que chaque Inſpecteur fourniroit annuellement, mettroit ſous les yeux du Miniſtère, un tableau général, bien combiné, bien digèré de la ſituation de toutes les branches de notre Commerce. En viſitant nos frontières, en y étudiant le Commerce de nos voiſins, la balance preſque à la main, on calculeroit leurs avantages & les nôtres, on apprécieroit nos pertes & on trouveroit aiſément les moyens de les reparer. Rien de plus ſûr. Enfin pour connoître exactement la ſomme de l'exportation & celle de l'importation, non ſeulement nous connoîtrions notre Commerce dans toute l'étendue de ſes différentes branches, mais encore tous les reſſorts, qui animent & propagent celui de l'étranger.

Lorſque quelques procédés particuliers procureroient aux marchandiſes exotiques une préférence, qu'il nous importe d'avoir, ce ſeroit bien le cas, ce nous ſemble, de ſe tranſporter ſur les lieux avec un ouvrier habile, pour étudier ſcrupuleuſement les plus petits détails, ſoit de la main d'œuvre, ſoit de tout autre procedé relatif à nos recherches. On dira, peut-être, le Fabricant a aſſez d'intérêt à faire cette démarche, ſans qu'il ſoit beſoin qu'un Inſpecteur la faſſe. On peut répondre à cela en deux mots : en diſant, que tous les Fabricants ne ſont pas dans le cas de la faire, & ne pourroient pas la faire ; de plus, que le Fabricant qui feroit cette démarche, garderoit pour lui ce qu'il auroit recueilli, ce qui eſt aſſez juſte, n'ayant eu d'autre miſſion, que celle de ſon propre intérêt, dans la démarche qu'il auroit faite. Tout au contraire, l'Inſpecteur chargé par état de ce travail, qui n'auroit que des vues générales, communiqueroit indifféremment à tous les Fabricants, des choſes qui n'ont de valeur, qu'autant qu'elles ſont rendu publiques.

On voit, que quoiqu'abandonnant le Commerce à lui-même, une inſpection telle que nous venons de l'expoſer, ne peut que favoriſer ſes opérations, puiſque toutes les fonctions de l'Inſpecteur ſe réduiſent, non pas à ſuivre, comme ci-devant, le Fabricant pas à pas dans ſa fabrique, pour voir s'il ne contrevient point aux Réglements, mais au contraire à veiller ſans ceſſe aux moyens d'étendre & de nourrrir la maſſe de notre Commerce.

Nous ne craignons pas de le répéter, en donnant à l'inſpection la forme que nous venons de preſcrire, non ſeulement nous ne la croyons ni inutile, ni dangereuſe; mais nous oſons aſſurer qu'elle eſt néceſſaire & indiſpenſable. On doit attendre les plus grands ſuccès du travail d'un très-petit nombre d'Inſpecteurs choiſis, dont les fonctions ſeroient renfermées dans l'exercice des choſes que nous venons d'expoſer.

On ne ſauroit réſumer de tout ce que nous venons de dire, autre choſe, ſinon qu'il n'y a que la force des préjugés les plus opiniâtres, qui puiſſe réſiſter à l'évidence des raiſons que nous venons d'alleguer, & s'oppoſer à des ſuppreſſions dont l'utilité eſt ſi conſtante. On ne ſauroit leur oppoſer rien de ſolide, rien d'exactement réfléchi. Il ne peut y avoir que de vains preſtiges, de ces difficultés, qui n'en impoſent qu'aux ames vulgaires, à ces hommes qui ne connoiſſent qu'un chemin.

Déchirons donc ce voile, qui nous enveloppe ſous les plus épaiſſes ténèbres, ſecouons ce joug honteux, armons-nous enfin contre tous ces abus, toutes ces erreurs, des forces que nous prêtent les raiſons palpables & les plus évidentes. Rompons à jamais des fers qui blessent les droits & la liberté du Citoyen, & la politique en général.

Heureux, pour nous servir des paroles du Sage écrivain, que nous nous sommes fait honneur de citer dans cet Ouvrage, *si nos efforts peuvent être un jour utiles aux Arts!*

Si nos vues ne sont pas toujours les mêmes, que celles de cet estimable Auteur, nous avons le même but. Il est plus d'une voie pour arriver aux mêmes fins. Des idées peuvent être bonnes, sur un même sujet, quoique différentes. Un autre Citoyen s'occupera, peut-être, du même objet, & pensera également bien, quoique différemment de ceux qui l'auront précédé.

APPROBATION.

J'Ai lû, par ordre de Monseigneur le Chancelier, un Manuscrit, qui a pour titre : Idées Patriotiques, sur la nécessité de rendre la liberté au Commerce, *& je n'ai rien vû dans cet Ouvrage, qui puisse en empêcher l'impression. A Lyon, ce* 13 *Janvier* 1762.

Signé BOURGELA.

www.ingramcontent.com/pod-product-compliance
Ingram Content Group UK Ltd.
Pitfield, Milton Keynes, MK11 3LW, UK
UKHW021318190726
13839UKWH00007B/2020